JOÃO ROBERTO LO TURCO MARTINEZ

Mercado Financeiro - VIP

Contents

Entendendo o Mercado Financeiro e seus componentes

O objetivo deste tópico é entender o que é o Mercado Financeiro, como o Sistema Financeiro ajuda o Mercado Financeiro a desempenhar suas funções e quais são as principais instituições financeiras que operam no sistema financeiro nacional.

1.1 Mercado Financeiro

O conceito de mercado pode ser entendido como um local (não necessariamente físico) onde um conjunto de ofertantes e demandantes se reúnem com o objetivo de troca. Assim, mercado financeiro pode ser entendido como um conjunto de ofertantes (agentes superavitários - que possuem capital) e demandantes (a gente deficitários - que possuem pouco ou não possuem capital) que tem intenção de trocar capital (dinheiro), valores mobiliários (ações, obrigações e direitos) e mercadorias (ouro, café, milho etc.). No entanto, nem sempre a negociação(troca) se dá em uma relação de agentes superavitários com agentes deficitários, podendo ocorrer entre agentes superavitários e entre agentes deficitários.

1

1.2 Sistema Financeiro e Componentes

O Sistema Financeiro é um conjunto de instituições, transações e regras que permite a regulação execução do mercado financeiro. No Brasil, é composto de Autoridades Monetárias: Conselho monetário Nacional(CMN), Banco Central do Brasil (BACEN) - e das autoridades de apoio: Comissão de Valores Mobiliários (CVM), Banco do Brasil (BB), Banco Nacional do Desenvolvimento Econômico e Social (BNDES), Caixa Econômica Federal (CEF) e Conselho de Recursos do Sistema Financeiro Nacional [1].

O Conselho Monetário Nacional é um órgão normativo responsável pelas políticas monetárias, creditícia e cambial.

O Bacen é uma autarquia de caráter executivo que tem entre as principais funções a emissão de papel moeda, receber depósito compulsório, fazer operações de redesconto, regular a compensação de cheques, autorizar o funcionamento e exercer a fiscalização de instituições financeiras executar os serviços do meio circulante.

Já entre as Autoridades de Apoio, a Comissão de Valores Mobiliários tem como função a regulação do Mercado de Capitais. O Banco do Brasil que é um banco de economia mista (capital público e privado) e múltiplo (que tem outras carteiras, além da carteira formada pelos depósitos à vista - exemplo: carteira de investimento, carteiras de seguros etc.) tem a função de administrar a câmara de compensação de cheques, recebimento de títulos, as políticas de Crédito Rural e ser o executor dos serviços bancários do Governo Federal.

O BNDES tem a função de promover o desenvolvimento do país capitando recursos e aplicando-os criteriosamente em programas e ações que visem o desenvolvimento. Já a CEF é uma empresa pública e um banco comercial e múltiplo responsável pelo crédito imobiliário, saneamento e infraestrutura urbana, prestação de serviços sociais do governo federal, além da administração dos Fundos FGTS e PIS. Por fim, o Conselho de Recursos do Sistema Financeiro Nacional é um órgão de recursos contra penalidades financeiras.

1.3 Instituições Financeiras

Instituições Financeiras Monetárias: essas instituições são autorizadas a possuírem depósitos à vista e assim podem multiplicar o dinheiro. Ou seja, quando você cliente deposita seu dinheiro em sua conta corrente, o banco é obrigado a reter uma porcentagem de acordo com a taxa de retenção "R" (ou Depósito Compulsório) e pode emprestar o resto para outras pessoas. Assim, se você depositou R$ 100,00 e a taxa de retenção é de 40%, o banco poderá emprestar 60% deste valor (até R$ 60,00) para outra pessoa. Então, em um primeiro ciclo, um depósito R$ 100,00 poderá criar R$ 160,00 na economia. Este R$ 60,00 criados contabilmente e emprestados serão futuramente depositados por algum agente e, seguindo a mesma regra, será retiro 40% deste valor e emprestado R$ 36,00 aumentando o dinheiro na economia que antes era R$ 100,00 e agora é R$ 196,00. Esse processo continua até o limite 1/R (no exemplo dado, os R$ 100,00 seriam multiplicados por 2,5 no final do processo, ou seja, R$ 100,00 depositados, vão criar R$ 250,00 na economia. As instituições que possuem esse poder são os bancos comerciais.

Instituições Financeiras Não Monetárias: essas instituições não criam moeda, uma vez que não estão autorizadas a terem

3

depósitos à vista, porém, elas fazem intermediação da moeda visando a captação de recursos para que seus empréstimos possam ser concedidos à terceiros. Essas instituições são: bancos de desenvolvimento, banco de investimento, sociedades de crédito, financeira e investimentos, sociedade de crédito ao microempreendedor, companhias hipotecárias, sociedade de crédito imobiliário, associação de poupança e empréstimos e bancos de câmbio.

Instituições Financeiras Auxiliares: ajudam na intermediação de recursos financeiros. São elas: sociedade corretora de títulos e valores mobiliários, sociedade arrendamento mercantil (*leasing*), fundos mútuos de investimento, entidades abertas e fechadas de previdência complementar e seguradoras.

1.4 Tipos de Ativo

As mercadorias e serviços que os membros de uma sociedade criam produzem riqueza material em função dos ativos reais: terras, imóveis, máquinas e conhecimento [2].

Existem também os ativos considerados como direitos sobre dos ativos reais e esses ativos são denominados ativos financeiros. Os ativos financeiros podem ser pedaços de papel ou simplesmente informações de um computador que dá o seu possuidor direito sobre um ativo real. Um exemplo seria o cidadão que não possui o ativo real "a empresa de distribuição de petróleo", porém, possui uma ação que lhe dá o direito sobre uma porcentagem dos seus lucros [2].

Política Econômica e Investimentos.

O objetivo deste capítulo é entender a política econômica do governo. Assim, cada uma delas (política monetária, fiscal, cambial e de rendas) será vista em suas especificidades e conheceremos seus instrumentos.

2.1 Política Econômica

As políticas econômicas são ações executadas pelos governos por meio de instrumentos econômicos para atingir objetivos alocativos, de estabilização e de redistribuição. Assim, os instrumentos de política econômica são divididos em quatro categorias: política monetária, política fiscal, política de rendas e política de câmbio.

A equação da Demanda Agregada, que serve como medida do Produto Interno Bruto será utilizada para explicar onde cada uma destas políticas irá influenciar para elevar o Y (Demanda Agregada) da equação:

$$Y = C + I + G + [E - I]$$

Onde *"C" é o consumo das famílias* e varia em função da renda, assim, a política econômica que diretamente influência o "C" é a **política de rendas**;

5

"I" é o investimento direto das empresas e varia em função da taxa de juros, assim, a política econômica que diretamente influência o "I" é a **política monetária;**

"G" é o gasto do governo em todos os seus níveis e é função da arrecadação e dos gastos do governo, sendo que a política econômica que diretamente influência o gasto do governo é a **política fiscal;**

"E-I" é o saldo das Exportações (E) menos Importações (I) e varia em função da taxa de câmbio (tx. de câmbio). Assim, a política econômica que diretamente influência o "E-I" é a **política cambial;**

E, por fim, *"Y" é a renda agregada* que desejamos elevar. Agora veremos cada uma destas políticas em seus detalhes.

2.2 Política Monetária

A política monetária tem como principal função "o controle da oferta de moeda e das taxas de juros de curto prazo que garanta a liquidez ideal de cada momento econômico" [1]. E para isso o governo utiliza-se dos seguintes instrumentos: operações no mercado aberto (*open market*), depósito compulsório, redesconto ou empréstimo de liquidez e controle e seleção de crédito.

Uma vez que estes instrumentos de política monetária interferem na oferta de dinheiro, precisamos entender o conceito de meios de pagamento antes de ver cada um destes instrumentos em particular.

Meios de pagamento

Em uma economia, os ativos financeiros possuem vários

graus de liquidez (facilidade de ser transformado em dinheiro), assim, para fins de melhor classificação e utilidade, esses ativos são divididos em categorias chamadas de meios de pagamento.

O meio de principal (M1) é a soma do papel moeda em poder do público + depósitos à vista (Bacen, 2012b);

O M2 é soma do M1 + depósitos especiais remunerados + depósitos de poupança + títulos emitidos por instituições depositárias;

O M3 é a soma do M2 + quotas de fundos de renda fixa + operações compromissadas registradas no Selic;

O M4 é a soma do M3 + títulos públicos de alta liquidez.

Agora, que sabemos o que são e quais são os meios de pagamento podemos avançar para entender os instrumentos de política monetária.

Instrumentos de política monetária:

a) Operações de mercado aberto (open Market)

É caracterizada pela compra e venda de títulos públicos pelo Banco Central com a finalidade de regular a taxa básica de juros de uma economia. É um dos instrumentos mais eficientes de política econômica.

> *A taxa básica de juros - SELIC*
>
> *A taxa SELIC é a balizadora das taxas de juros cobradas no Brasil e é utilizada como referência para a política monetária. Podemos descrever a taxa SELIC como uma taxa média ponderada e ajustada das operações de financiamento que os bancos fazem por um dia (compromissadas – quem recebe o empréstimo*

se compromete a devolvê-lo no dia seguinte e quem empresta se compromete a recebê-lo de volta no dia seguinte) lastreada (tendo com garantia) os títulos públicos federais [6]. Ou seja, a taxa SELIC é taxa do mercado interbancário, para o uso do dinheiro por um dia (overnight). Em outras palavras, é o "custo" ou valor do "aluguel" do dinheiro para bancos fazerem empréstimos entre si por um dia, com garantia dos títulos públicos. Esta taxa é calculada por um sistema eletrônico chamado Sistema Especial de Liquidação e Custódia (SELIC) do Banco Central do Brasil e normalmente divulgada diariamente pelo Departamento de Operações de Mercado Aberto do Banco Central (DEMAB) entre as 20:00h e 21:00h e sua forma anual é contabilizada em 252 dias úteis [6]. Os títulos que a SELIC opera são considerados de risco zero (entende-se que o calote do Governo Federal é mais improvável do que os de outros agentes da economia) e dentre os principais títulos negociados estão: Letra Financeira do Tesouro, Letra do Tesouro Nacional, Nota do Tesouro Nacional, Bônus do Banco Central, Letras do Banco Central, Notas do Banco Central, entre outros. O governo estipula uma meta para taxa SELIC e a variação real do mercado é pequena tem torno da meta estipulada. O controle desta taxa é importante, pois ela é um rápido e eficiente instrumento de política econômica.

Quando o Banco Central deseja aumentar o dinheiro disponível na economia, baixando os juros e estimulando o consumo, ele compra os títulos no mercado aberto. Quando o desejo do Banco Central é diminuir a quantidade de dinheiro na economia, aumentando os juros e desestimulando o consumo para evitar a inflação, ele atua vendendo títulos no mercado aberto e "enxugando" dinheiro do mercado.

b) Depósito Compulsório

O depósito compulsório corresponde a uma obrigação de recolhimento de reserva obrigatória sobre depósitos à vista e sobre recursos de terceiros pelos bancos e é fixada pelo Conselho Monetário Nacional (CMN), restringindo ou alimentando a expansão do M1.

Uma vez que, os bancos são obrigados a depositar uma porcentagem do dinheiro do público que recebeu em uma conta do Banco Central, estes bancos, não podem emprestar este valor. Assim, se o governo aumenta o depósito compulsório, diminui-se o dinheiro em poder do público e vice-versa.

c) Redesconto ou empréstimo de liquidez

Corresponde a uma ajuda que o Banco Central oferece aos bancos para atender suas necessidades temporárias de caixa. Assim, quando o governo aumenta a taxa de redesconto o dinheiro fica mais "caro" para o banco que acaba emprestando menos e reduzindo o dinheiro em poder do público e vice-versa.

d) Controle e seleção de crédito

O governo pode impor controle direto sobre o volume e o preço do crédito, estipulando destinos, limites e condições que podem reduzir ou ampliar o dinheiro em poder do público.

2.3 Política Fiscal

Podemos chamar de política fiscal a política de receitas e despesas do governo. Dentre outras receitas (emissões primárias de títulos públicos, emissões de moeda etc.), as receitas com os tributos representam a maior parcela. Os gastos orçamentados debitam o outro lado da conta. Como o governo define os tributos e outras receitas e como irá gastar estas receitas são a essência da política fiscal.

O superávit ocorre quando as receitas excedem os gastos e o déficit quando os gastos excedem a receita. O superávit/déficit primário não leva em conta os gastos com juros, porém, o superávit/déficit secundário (nominal) os considera em seu cálculo. Então, dependendo do montante da dívida e seus juros, uma país pode ter superávit primário e déficit nominal.

2.4 Política de Rendas

A política de rendas pode ser definida como a "política de controle direto sobre a remuneração dos fatores diretos de produção envolvidos em uma economia, tais como salários, depreciações, lucros, dividendos e preços dos produtos intermediários e finais" [1].

Assim, o governo pode, por exemplo, aumentar e diminuir o salário mínimo como política de rendas e isso trará efeitos sobre o nível de empregos, sobre a inflação, sobre o consumo etc.

2.5 Política de Câmbio

A política de câmbio é baseada no controle da taxa de câmbio e operações cambiais. O regime de câmbio pode ser fixo (quando uma taxa de câmbio é fixada pelo governo), flutuante puro (quando a taxa de câmbio flutua de acordo com as variações do mercado e a oferta e demanda de divisas), flutuante por bandas (quando a flutuação pode ocorrer entre um limite mínimo e máximo e, para fora destes limites, tem-se a interferência do Banco Central comprando e vendendo divisas para regular a taxa) e flutuação suja (quando o governo não define bandas a priori, porém, conforme acha conveniente, atua para deixar a taxa dentro de um limite que este acha aceitável).

Taxa de Câmbio

A taxa de câmbio pode ser definida como "o preço de uma moeda estrangeira medido em unidades ou frações (centavos) da moeda nacional" (Bacen, 2012c). Assim, quando dizemos no Brasil, que a taxa de câmbio é 1,00, significa que um dólar dos Estados Unidos (EUA) custa R$ 1,00. Vamos imaginar a taxa de câmbio Brasil/EUA seja de 1,5. Isso significa que cada Dólar custa 1 Real e 50 centavos. Uma pessoa nos EUA com 1 Dólar consegue comprar um produto brasileiro de R$ 1,50. Se taxa de câmbio aumentar para 3,00, com o mesmo 1 Dólar, esta pessoa poderá comprar agora dois produtos de R$ 1,50, ou seja, seu poder de compra aumentou, ele provavelmente importará mais do Brasil (o Brasil aumentará suas exportações). Assim, de modo geral, quando a taxa de câmbio aumenta, as exportações também aumentam gerando entrada de divisas *estrangeiras que serão trocadas por Reais, diminuindo a importação e o consequente aumento na procura por bens e serviços internos agora mais escassos (muitos serão direcionados ao mercado exterior), estes fatos aumentam a inflação. Porém, estimulam a geração de emprego nas indústrias exportadoras e um superávit na balança comercial. O raciocínio contrário se aplica quando diminuímos a taxa de câmbio, o valorizando o Real. Cada governo deve manter um equilíbrio entre as políticas econômicas e seus instrumentos para conseguir atingir seus objetivos*

Risco e Retorno

Objetivo deste Capítulo é entender o conceito de risco, a diferença do risco e da incerteza, a relação do risco com o retorno e as principais métricas de risco para investimentos e seus usos no mercado financeiro. A relação entre risco e retorno a ser à vista por meio do modelo de precificação de ativos de capital (CAPM).

3.1 Conceito

O conceito de risco é bem amplamente utilizado nas mais diversas áreas do conhecimento, porém, a sua essência, não muda muito. Seguem algumas definições de risco:

- a probabilidade de desvios positivos ou negativos em torno de um padrão ou uma média;
- a probabilidade de ocorrência de alguns acontecimentos desfavoráveis;

Em uma *definição mais específica para a área de investimentos*, podemos resumir o **risco** como:

o grau de variação na obtenção do retorno esperado em um investimento realizado;

Pelo senso comum, o risco está associado a algo ruim, ou seja, a probabilidade de variação negativa ou desfavorável de um fenômeno. Porém, aqui usaremos uma definição mais teórica, onde o risco é qualquer variação (positiva ou negativa), assim, em um investimento você corre o risco de perder em relação à média de retorno ou de ganhar em relação à média de retorno.

3.2 Risco e Incerteza

Outro ponto que precisa ser considerado é a relação do risco com o que chamamos de incerteza. Incerteza é um evento não previsível sem probabilidade associada, já o risco tem uma probabilidade conhecida (mesmo que baixa), entre 0 e 1, ou seja, entre 0% ou 100%. Já a certeza (o que é difícil no mundo real) tem a probabilidade de acontecer de 100%.

3.3 Risco e Retorno

Imagine que você retornou no tempo e está vivendo agora na época das cavernas. Você está com fome precisa caçar! Você sai sozinho com sua lança e um pedaço de pedra e não consegue encontrar o animal que lhe servirá de alimento, ou até o encontra, mas não consegue abater o animal sozinho. Assim você volta para a caverna e continua com fome!

Mas pode ser que aconteça um cenário mais otimista: você procura muito e consegue encontrar o animal e abatê-lo! Agora o alce gordo e suculento é todinho seu!

Agora, imagine que ao invés de sair sozinho para caçar, você reúne seus colegas das cavernas ao lado. Vocês procuram um animal, o encontram e o abatem bem mais facilmente, afinal, agora são cinco pessoas procurando, cobrindo uma área bem maior e somando as forças e habilidades para abater. Porém, agora o Alce não é todinho seu, você terá que dividi-lo com os cinco colegas de caça.

Pare e pense um pouco! O que aconteceu? Quando você caça sozinho, a probabilidade de achar o alce ou de conseguir abatê-lo é menor do que quando você sai para caçar com mais colegas, então o risco de caçar sozinho é bem maior do que em grupo. Porém, caso você arrisque sozinho e consiga voltar para casa com o alce, ele será todo seu. Então seu retorno será maior do que se você estivesse em grupo, pois não tem que dividir. Logo: quanto **maior o risco, maior o retorno**! Essa relação entre risco e retorno é quase uma constante em muitos outros fatos e situações e, em finanças e investimentos, não é diferente (raras exceções).

3.4 Tipos de Risco

Em investimentos existem basicamente três tipos de risco. O primeiro é o **risco não sistemático**. Esse risco é específico de um ativo pode ser mitigado pela diversificação. Imagine que você comprou ações de uma empresa que produz e comercializa frangos e que alguma doença como "a gripe do frango" assola novamente esses bichinhos. Provavelmente as perspectivas de lucro dessa empresa cairão e suas ações ficaram desvalorizadas. Mas, essa mesma "gripe do frango" não impedirá, por exemplo, que mineradoras continuem com suas atividades, ou seja, o risco é específico de empresas que produzem e comercializam frangos.

Agora, imagine que o governo suba a taxa de juros básica da economia ou que o país passe por uma pandemia, um terremoto ou uma crise econômica. Neste caso, todas as empresas da sua carteira de investimentos estarão sujeitas às consequências desses eventos em maior ou menor grau. Esse tipo de risco nós não podemos controlar (não é diversificável) e é o que chamamos de **risco sistemático ou de mercado**. Agora o terceiro tipo de risco ficou fácil, nada mais é do que a soma dos outros dois (risco não sistemático e risco sistemático), soma esta que é conhecida como **risco total.**

3.5 Métricas

Para calcular o risco de um investimento existem algumas medidas estatísticas que nos ajudam na tarefa. A primeira delas é a Amplitude e, caso você se lembre das aulas de estatística, vai saber que:

Amplitude = valor máximo - valor mínimo;
e, em investimentos:
Amplitude = preço máximo - preço mínimo;
ou
Amplitude = retorno máximo - retorno mínimo.

Então, se eu analiso as séries históricas de preço de um

investimento em um determinado período e reparo que, para o ativo "A" o maior preço desse período foi de R$7,00 e o menor foi de R$3,00 e, para o ativo "B", o maior preço desse período foi de R$8,00 e o menor preço desse período foi de R$3,00, então fica fácil determinar amplitude:

Amplitude o risco do ativo A = 4 e Amplitude ou risco do ativo B = 5

Logo percebemos que o ativo B é mais arriscado do que o ativo A. Porém, existem problemas em considerar apenas a amplitude como medida de variação e consequentemente de risco. Imagine que o valor para o ativo B de R$8,00 foi atípico, registrado apenas uma vez em um longo período. Isso pode nos dar uma informação imprecisa sobre a real variação do preço do ativo. Deste modo, outras medidas nos ajudam a aprimorar avaliação do risco, são elas: **variância e desvio-padrão**. Para quem se lembra das aulas de estatística, **variância** de uma amostra é

$$\propto = \frac{\sum(u-\bar{u})^2}{n-1}$$

onde

α = variância;
$\bar{u}$ = média;
u = numero de elementos da amostra.

Mesmo que a variância seja mas confiável que a amplitude para medir o risco, seus valores dependem da escala de medida e são

17

difíceis de serem comparadas. Para eliminar este problema temos uma medida que relativiza os valores e as métricas possibilitando uma melhor comparação entre os ativos: **O desvio-padrão**. O desvio padrão é a raiz quadrada da variância, conforme fórmula abaixo:

$$\sigma = \sqrt{\frac{\sum(u - \bar{u})^2}{n - 1}}$$

Imagine que o preço de um ativo X com desvio padrão de R$ 8,00 e o preço de um ativo Y com desvio padrão de R$ 4,00. Qual é o ativo mais arriscado? você acertou se escolheu o ativo X.

Muito bem! Já temos algumas medidas de risco com as quais conseguimos dizer se um ativo é mais arriscado que outro, porém, como eu faria se quisesse saber o quanto o risco de um ativo está relacionado com outros tipos de risco? Se o mercado varia em 10% o quanto o retorno de um ativo específico irá variar? Mais ou menos de 10%? Na mesma direção ou em direção contrária?

Bem, para responder a essas perguntas precisamos recorrer ao **coeficiente Beta**. Ele representa o coeficiente de variação de uma variável em função de outra. No mercado financeiro, representa avaliação de um ativo específico em relação à média no mercado. Para isso, ele calcula a covariância entre o retorno do ativo específico e o retorno médio de mercado e divide pela variância do retorno médio de mercado, conforme a fórmula abaixo:

$$\beta_{im} = \frac{Cov\ (R_i.R_m)}{Var(R_m)}$$

onde

R_i = retorno de um ativo específico;
R_m = retorno médio do mercado;

Antes de continuarmos, cabe aqui uma importante explicação, não se esqueça dela: o retorno médio de mercado seria como se fosse um retorno médio de todas as empresas participantes do mercado específico. Porém, é praticamente impossível fazer esse cálculo para todas as empresas, sendo assim, as empresas de capital aberto que negociam seus títulos em bolsa de valores são boas amostras para calcular o retorno médio de mercado, uma vez que suas informações financeiras são públicas. Por isso, o índice da bolsa de valores é o mais prático indicador de retorno médio de mercado (Rm), sendo que, no Brasil, utilizamos o Ibovespa como retorno médio de mercado.

Imagine que queremos conhecer o risco do ativo W em função do risco médio do mercado (no caso, o Ibovespa). Para isso, teremos que obter a série diária de preços da ação da empresa W e a série diária de pontos do Ibovespa para um determinado período que, neste caso, vamos considerar como de 1 ano. Com as séries disponíveis, devemos calcular o retorno diário do ativo W e do Ibovespa, e em seguida, aplicar a fórmula nesses valores. Suponha que fizemos esses cálculos para o ativo W e chegamos ao valor de Beta igual a 1,6. executamos o mesmo processo para o ativo K e obtivemos beta igual a -0,6.

Isso significa que quando o Ibovespa varia em 1% o ativo W responde mais do que proporcionalmente variando 1,6% na mesma direção (o sinal de "+" significa que se o Ibovespa subir o ativo subirá também, e se o Ibovespa cair, o ativo cairá também). Isso significa que o ativo W tem um risco maior do que a média de mercado.

Já para o ativo K, se o Ibovespa variar 1%, o ativo irá variar 0,6%. Isso faz com que o ativo K seja menos arriscado do que o Ibovespa. Porém, neste caso, a variação é negativa ("-"), ou inversamente proporcional, quando Ibovespa sobe o retorno do ativo K desce e vice-versa.

3.6 Modelo de Precificação de Ativos (CAPM)

Agora que aprendemos sobre o risco e suas métricas, além da sua relação com o retorno, vamos entender como calcular o retorno requerido de um ativo de acordo com seu risco em relação ao mercado.

O modelo de precificação de ativos de capital (CAPM), desenvolvido inicialmente por Sharp [3] é um modelo teórico representado por uma fórmula matemática que nos ajuda a identificar o retorno "justo" requerido por um ativo.

Neste modelo, além do retorno médio de mercado que já aprendemos, temos o retorno de um ativo livre de risco, que normalmente é um ativo relacionado com algum título de dívida do governo federal que aprenderemos no próximo capítulo (isso porque se entende o que o Governo Federal, como devedor, tem a menor probabilidade de ficar inadimplente com seus títulos em relação aos demais agentes no mercado).

Outro conceito importante aqui é o prêmio pelo risco de mercado que nada mais é do que a taxa de retorno esperada de mercados menos a taxa livre de risco, ou ainda, no Brasil: a taxa de retorno do Ibovespa - a taxa de retorno de um título de dívida pública. O prêmio pelo risco representa o quanto você ganha mais por investir seu dinheiro no mercado (que tem um risco maior) ao invés de deixá-lo em um título de dívida pública, que seria teoricamente livre de risco.

Assim, o retorno requerido de um ativo leva em consideração a taxa livre de risco acrescida da variação do retorno do ativo em função da variação do retorno de mercado (Beta) vezes o prêmio pelo risco. Matematicamente, o modelo CAPM [2], segue a fórmula:

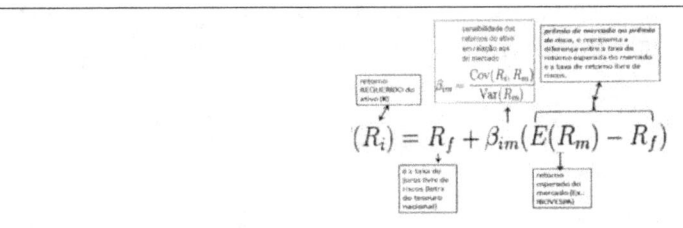

$$(R_i) = R_f + \beta_{im}(E(R_m) - R_f)$$

onde

R_i= retorno requerido de um ativo;

R_f = retorno de um título de dívida pública;

β_{im} = variação do retorno do ativo em função da variação do retorno médio de mercado;

$E(R_m)$ = retorno esperado de mercado.

Então, para calcular o retorno requerido para o ativo W com Rf= 6% a ao ano, Rm = 9% ao ano e Beta= 1,6, temos que o retorno requerido ou justo para o ativo W é de 10,8%.

Títulos de Dívida.

No mercado financeiro, os títulos de dívidas são a base estrutural de todos os sistemas (principalmente os títulos de dívida pública Federal). Neste capítulo, vamos conhecer sobre títulos de dívida em geral, os títulos de dívida do governo e quais as formas de precificação e relação com a taxa básica de juros.

4.1 Conceito

Um título de dívida pode ser chamado de títulos de renda fixa pelo compromisso de proporcionar um fluxo de renda fixa ou fluxo de renda determinada por alguma fórmula [2].

O título de dívida consiste em um valor mobiliário emitido vinculado a um acordo de financiamento no qual um emissor vende um título de dívida por um **valor nominal** (de face) e se obriga a pagar juros (cupons) até a **data de vencimento**, do outro lado da operação o comprador recebe o juros finais e o valor nominal do título de volta. A **taxa de cupom** é a taxa de juros aplicada ao valor nominal (chama-se cupom porque antes das tecnologias de informação o comprador do título destacava os cupons de papel do título para receber os juros) e normalmente é paga semestralmente ou anualmente. Tanto a taxa de cupom quanto o valor nominal e a data de vencimento são acordados em um contrato entre emissor e comprador chamado de escritura de emissão do título de dívida. Existem os títulos de cupom zero, que tem um valor de venda abaixo do valor de face e a diferença entre eles é o rendimento do comprador [2].

Analisaremos um exemplo de título com valor nominal de R$1.000,00 com vencimento em 5 anos e com taxa de cupom de 10% ao ano. Neste título o comprador recebe R$100,00 (R$1.000,00 x 0,10) todo ano durante 5 anos (R$500,00) e, no vencimento do título, tem seu valor de face (ou nominal) devolvido (R$1.000,00).

Os títulos de dívida podem ser emitidos tanto pelo governo como por outras organizações, sendo os mais comuns os títulos do governo federal seguidos dos títulos corporativos, no qual as empresas tomam empréstimos emitindo título de dívida.

4.2 Precificação do título de dívida

De um modo geral, o **valor de um título** *é o valor presente de todos os cupons até a data de vencimento somado do valor presente do valor nominal do título.*

Valor do título = valor presente dos cupons + valor nominal presente

---

dado pela fórmula:

$$\text{Valor do Título de Dívida} = \sum_{t=1}^{T} \frac{Cupon}{(1+r)^t} + \frac{Valor\ Nominal}{(1+r)^T}$$

---

onde

"T" = data de vencimento do título;
"r" = taxa de juros utilizada para o desconto (normalmente a taxa básica da economia).

Um exemplo é um título de dívida de R$1.000,00 que pague uma taxa de cupom anual de 10% ao ano (R$ 100,00) durante 5 anos, com uma taxa de juros da economia também de 10% ao ano. Seguindo a fórmula seu preço seria:

Valor (preço justo) do título de dívida = R$379,08 + R$ 620,92 = R$1000,00 = valor de face (nominal) do título!

Observe que, neste caso, em que a taxa de juros (r) é a mesma taxa de cupom, o valor (preço) justo do título é seu valor de face (ou nominal). Porém, dificilmente isso acontece e as variações da taxa de juro de mercado irão alterar o preço do título, fazendo com que este fique diferente do seu valor.

Imagine o mesmo exemplo anterior de um título de dívida de R$1.000,00 que pague uma taxa de cupom anual de 10% ao ano, durante 5 anos. Porém, agora consideraremos a taxa de juros para o desconto do título como a taxa média de juros do mercado, de suponhamos, 12% ao ano. Seguindo a fórmula, seu preço seria:

Preço (valor) justo do título = R$360,48 + R$567,43 = R$927,90

Assim, **se a taxa de juros da economia estiver mais alta que a taxa de cupom, a rentabilidade exigida do título será maior e, em consequência, seu o preço irá diminuir.** Ao contrário, se a taxa de juros estiver menor que o valor de cupom do título este fornecerá uma remuneração acima da média de mercado, o que acaba aumentando o seu preço de mercado. Percebemos então que existe uma relação inversa entre a taxa de juros de mercado e o preço desse tipo.

> **Atenção!** *Note que as explicações acima sobre o valor do título é baseada no tipo padrão de título cujo valor de cupom (ou a taxa de juros paga) é previamente determinada. Porém, existem diversos tipos de titulo de dívida, como por exemplo, aqueles cuja rentabilidade está associada não a uma taxa fixa, mas à SELIC. Neste caso, se a taxa de juros básica aumentar (a SELIC no Brasil) o valor do título aumenta e vice-versa.*

4.3 Rentabilidade do título de dívida

A **rentabilidade de um título até o vencimento (RAV)** *é definida como a taxa de juros que iguala o valor presente dos pagamentos de um título ao seu preço* e é interpretada como a média de retorno dê um título adquirido agora e mantido até o vencimento [2]. Deste modo, a mesma fórmula utilizada para verificar o valor do título, pode ser usada para identificar o

rendimento "r" (RAV), ou seja, *no lugar do valor do título de dívida colocamos o preço de mercado do título e procuramos por "r".*

Valor do Título de Dívida = $\sum_{t=1}^{T} \dfrac{Cupon}{(1+r)^t} + \dfrac{Valor\ Nominal}{(1+r)^T}$

---

onde

"T" = data de vencimento do título;
"r" = taxa de juros utilizada para o desconto (normalmente a taxa básica da economia).

Atenção! *Como os preços dos títulos no mercado podem variar, sua rentabilidade também irá variar ao longo do tempo. Isso faz com que a rentabilidade de um título até o seu vencimento possa ser diferente da rentabilidade durante o período de manutenção deste título, e estas, diferentes da rentabilidade de cupom.*

4.4 Título de Dívida Pública

O objetivo deste tópico é conhecer um pouco sobre os títulos de dívida pública, sua função e importância para a política monetária e fiscal.

Tesouro Nacional

O Tesouro Nacional pode ser entendido como um conjunto dos meios financeiros à disposição de um estado e os serviços de administração que visam gerir este recurso. Esses meios

26

financeiros ou Fundos são provenientes da receita do Estado. Podemos chamá-los de "o caixa do governo". Seus recursos são provenientes da arrecadação tributária, da emissão primária de títulos dentre outros.

Os títulos de dívida pública são instrumentos emitidos pelo Tesouro Nacional para as seguintes funções: financiar o déficit orçamentário, realizar operações para fins específicos definidos em lei e refinanciar a dívida pública [4].

Suas formas de emissão incluem as ofertas públicas para instituições financeiras credenciadas (*dealers*) por meio de leilões, oferta pública para pessoa física pelo Tesouro Direto e emissões de finalidades específicas definidas em lei [4].

Quando o Tesouro Nacional emite títulos é para atender a política fiscal. Porém, o Banco Central utiliza os títulos do Tesouro Nacional para realizar política monetária por meio de operações de compra e venda no mercado secundário.

A maior parte da dívida pública federal interna e externa é composta de títulos mobiliários que podem ser pós-fixados (indexadores que variam conforme o tipo de título) ou pré-fixado (que não possuem de indexadores). Existem ainda diferenças em relação às taxas de juros, forma de pagamento e colocação do título [5].

Fundos de Investimentos

A tributação do fundo depende do tipo de fundo e do tempo de aplicação. No Brasil, consiste basicamente no imposto de renda e no imposto sobre operações financeiras. Assim, esses tributos também devem ser levados em consideração no cálculo da taxa de retorno líquida, uma vez que podem reduzir o valor líquido do ativo na compra, e principalmente, o valor líquido do ativo na venda.Para o pequeno investidor, principalmente pessoa física, pode ser difícil investir de forma mais ampla e diversificada em virtude do pouco montante de capital que normalmente possui. Porém, existe a opção de agrupar pequenos investidores entre si e o juntá-los com outros de maior porte para multiplicar o potencial do investimento. Isso pode ser feito por meio dos fundos de investimento. O objetivo deste tópico é entender o que são os fundos de investimento, seus tipos e funções.

5.1 Conceito

Fundos de investimentos *são intermediários financeiros que recolhem fundos de investidores e os investem em uma gama potencialmente ampla de títulos ou outros ativos.* O agrupamento de ativos é a principal ideia por trás dos fundos de investimento. Cada investidor tem direito sobre a carteira de títulos montada pelo Fundo de Investimento proporcionalmente ao montante investido [2].

Dentre os benefícios de um Fundo de Investimento para o investidor temos: o registro de informações, a diversificação, administração especializada e o menor custo de transação [2].

A participação de cada investidor é proporcional ao número de cotas que ele possui. O valor de cada quota é chamado de **valor líquido do ativo (VLA)** que é igual aos Ativos do fundo menos seus Passivos divididos pelas cotas em circulação [2]:

Valor Líquido do Ativo (VLA) = (Valor de mercado do Ativo - Passivo) / (Cotas em circulação)

Um exemplo é um fundo que administra uma carteira de títulos de 100 milhões de reais em ativos e dez milhões de reais em passivos. Esse fundo possui um milhão de cotas em circulação. Logo, valor líquido do ativo é de R$90,00 por cota.

5.2 Tipos de Fundos

Os fundos de investimentos se dividem inicialmente em basicamente dois tipos: os fundos fiduciários de investimento único e os fundos de investimento de carteira administrada (aberto ou fechado).

Os **fundos fiduciários investimentos** são conjuntos de recursos financeiros investidos em uma carteira que é fixa ao longo da existência do fundo. A administradora do fundo compra os ativos e vende cotas a compradores interessados que se tornam cotistas. Uma vez que os ativos da carteira são fixos, a carteira não precisa ser administrada ativamente [2].

Já os **fundos de investimento em carteiras administradas** se dividem em dois tipos: os fechados e os abertos (são também chamados de fundo mútuo fechado e fundo mútuo aberto). No *fundo mútuo aberto*, a qualquer momento pode-se resgatar ou emitir cotas no valor líquido do ativo. Em contrapartida, no *fundo muito fechado*, não há resgate nem emissão de cotas diretamente ao fundo e o investidor que quiser se desfazer da sua cota do fundo terá que vendê-la para outros investidores. Estas cotas podem ser negociadas em bolsa, como uma ação qualquer fazendo com que seu preço possa ser diferente do valor líquido do ativo [2].

Existem outros tipos de fundo como os Fundos mistos (parceria de investidores que reúnem seus fundos), fundos de investimentos imobiliários (onde o investimento é feito diretamente em imóveis, hipotecas e financiamento bancário de construção) e fundos alavancados (investidores privados com alto capital e grande liberdade de diversificação de investimentos como, por exemplo, derivativos). *O fundo mútuo aberto é a modalidade mais comum e responde por 90% dos ativos de fundos de investimento* [2]. Então, estudaremos mais detalhadamente suas características.

5.3 Fundo de Investimento Mútuo Aberto

Cada fundo mútuo adota uma política de investimento específica que é descrita em um documento chamado prospecto do fundo. Logo, os fundos podem ser bastante diversificados (com baixo, médio ou alto risco), investindo em ações, títulos de dívida pública e privada, hipotecas etc.

Os tipos de fundo mútuos abertos podem ser basicamente classificados em: fundos do mercado monetário (investindo principalmente em nota promissória mercantil e certificado de depósito bancário), fundos de ações (investindo principalmente em ações, com possibilidade de incluir também título de renda fixa), fundo setorial (que são concentrados em empresas de uma indústria específica), fundo de títulos de dívida (focado na indústria de renda fixa - exemplo: títulos de dívida corporativa, títulos de dívida do Tesouro, valores mobiliários garantidos por hipoteca etc.), fundo internacional (os investimentos são diversificados em ativos no mundo todo ou concentrados em uma parte dele), fundos balanceados (investimentos balanceado em ações e títulos de renda fixa em proporção relativamente estável) e fundos indexados (cujos ativos que produzem a carteira de algum índice específico, como o Ibovespa) [2].

Os encargos que o investidor tem com os fundos mútuos variam de fundo para fundo. As despesas operacionais normalmente são despesas administrativas e honorários de consultoria para administrar os fundos. Alguns fundos podem ter taxas de entrada inicial e taxa de resgate, dentre outras. É importante ficar atento a essas taxas, pois elas podem reduzir o valor líquido do ativo. O Retorno bruto de um fundo pode ser calculado de forma básica pela fórmula:

Taxa de Retorno = (Valor líquido do ativo na venda - Valor líquido do ativo na compra)/(Valor líquido do ativo na compra)

A tributação do fundo depende do tipo de fundo e do tempo de aplicação. No Brasil, consiste basicamente no imposto de renda e no imposto sobre operações financeiras. Assim, esses tributos também devem ser levados em consideração no cálculo da taxa de retorno líquida, uma vez que podem reduzir o valor líquido do ativo na compra, e principalmente, o valor líquido do ativo na venda.

Ações

O objetivo deste tópico é entender o conceito de ações, seus tipos e funções, como elas são negociadas e precificadas e as técnicas de avaliação e análise de ações.

6.1 Conceito

Uma **Ação** *representa a menor parcela do capital social de uma empresa* (sociedade anônima, sociedade por ações ou companhia) [7]. O detentor de uma ação de uma empresa não é um credor e sim um sócio que recebe sua parte na divisão dos lucros no fim do mês, ou seja, recebe os dividendos da ação.

Assim, uma empresa que deseja abrir capital pela primeira vez, faz uma emissão (oferta pública inicial em um mercado primário) e arrecada capital para suas operações e crescimento. Após a abertura de capital, as empresas ou pessoas físicas que compraram as ações iniciais podem renegociá-las no mercado secundário como a bolsa de valores do Brasil (B3).

Então, de um modo geral, o possuidor de uma ação pode ter **dois tipos de rendimento** com a esta ação: o *primeiro relacionado com os dividendos*, ou seja, a distribuição de uma parte do lucro líquido que a empresa faz no final de um período pelo número de ações. O **segundo é o ganho de capital**, que está relacionado principalmente com o mercado secundário, onde basicamente pela lei de oferta e demanda dessas ações, devido a agentes que querem comprá-las ou vendê-las segundo suas expectativas, podem obter ganhos de valorização no preço.

Dois tipos de ações se destacam: as **Ordinárias Nominais (ON)** e as **Preferenciais Nominais (PN)**. As ações ordinárias dão ao seu possuidor o direito a um voto no Conselho de Administração da empresa. Já as ações preferenciais, em sua maioria, não dão direito a voto, porém seu possuidor tem prioridade na distribuição dos resultados e no reembolso do capital em caso de liquidação.

6.2 Precificação

Aprendemos por meio do CAPM no capítulo sobre Risco e Retorno a calcular o retorno requerido do ativo, ou seja, podemos calcular um retorno "justo" por um ativo específico dado uma taxa livre de risco, o retorno médio de mercado e nosso risco em relação ao mercado (Beta). Porém, o **retorno requerido ou justo por um ativo nem sempre é o seu retorno real.**

Para se calcular o **retorno real esperado** para um ativo temos outra taxa que entra em cena: a taxa de retorno esperado. Ou seja, **os ganhos de capital** (diferença entre o preço de compra e o preço que se espera vender ação em um dado período) *somado* ao ganho que se espera ter com **dividendos pagos** por essa ação, *divididos* pelo **preço de compra**. Conforme a fórmula:

Retorno Esperado= (Dividendo Esperado + (Preço

34

Esperado - Preço de Compra)) / (Preço de Compra)

> **Atenção!** *Repare que o cálculo do retorno real não é perfeito porque está sujeito a erros de previsão, uma vez que lida com dividendos esperados e preço esperado!*

Agora, para calcular o **valor de uma ação específica,** os dois tipos de ganhos esperados (dividendos + ganho de capital) são divididos por 1 (um) mais a taxa requerida que, no caso, é a taxa de retorno justo calculado pelo modelo CAPM.

Valor da Ação = (Dividendo Esperado + Preço Esperado) / (1+K)

Assim, o investidor sabendo quanto seria o retorno justo (CAPM) por aquela ação e determinando quanto é o retorno esperado ou sabendo qual o preço de mercado e o valor esperado, pode identificar títulos que estejam *subavaliados* (retorno justo menor do que o retorno esperado ou preço de mercado menor do que o valor da ação) ou *superavaliados* e tomar suas decisões de compra (normalmente quando subavaliada) ou venda (normalmente quando superavaliada).

6.3 Avaliação

Como as ações são ativos financeiros do Mercado de Capitais, elas possuem um risco associado a seu retorno, uma vez que este está sujeito as relações de oferta e demanda por esses títulos, às condições macroeconômicas e as específicas da empresa e, uma vez que o risco implica na avaliação do retorno esperado, temos alguns métodos e ferramentas que nos ajudam a tentar prever o preço, valor ou retorno de uma ação em um tempo futuro de modo mais sistemático. Esses métodos, apesar de **não serem suficientes para ter certeza, pois o futuro é imprevisível**, ajudam bastante na tomada de decisão do investidor. Tais métodos consistem na **análise fundamentalista** e na **análise técnica** e suas ferramentas.

6.3.1 Análise Fundamentalista

A **análise fundamentalista** *consiste na análise da situação financeira da empresa por meio de seus relatórios financeiros (balanço patrimonial, demonstrativo do resultado do exercício, demonstrativo do fluxo de caixa, notas explicativas entre outros), da situação mercadológica e da situação política e econômica de um local, regional, nacional ou global.*

Esta análise permite ao investidor verificar qual é o valor econômico da empresa e comparar com o seu valor atual de mercado para determinar se ela está super ou subvalorizada. Alguns dos indicadores de análise fundamentalista são:

Valor de mercado: para calcular, basta saber a última cotação (preço) de determinada ação e multiplicar pelo número de ações da empresa.

Valor contábil: patrimônio líquido (Ativo menos Passivo Contábil).

Lucro por ação (LPA): o lucro líquido do último período de um ano é dividido pelo número de ações.

Preço/ lucro por ação (P/LPA): a última cotação (preço) de determinada ação dividido pelo seu lucro por ação é um índice usado para medir quão barato ou caro está esse preço atual da ação. Se o preço da ação for muito maior que o lucro que ela está gerando, essa empresa pode não estar criando riqueza real. Assim, quanto menor for o P/LPA, mais barato esta a ação.

Valor por ação (VPA): basta dividir o valor do patrimônio líquido da empresa pelo número de ações que formam seu capital.

Preço/valor por ação (P/VPA): é calculado como o quociente da divisão do preço da ação pelo valor patrimonial por ação. Este índice indica quantas vezes o mercado está pagando pelo valor patrimonial da ação.

Dividendo por ação: valor dos dividendos (parte dos lucros de uma empresa distribuídos para seus acionistas num certo período) dividido pelo número de ações que receberam esse dividendo.

Dividend Yield (rendimento de dividendos): é o resultado da divisão entre o dividendo por ação e o preço atual desta ação. Este índice significa o percentual de dividendos pagos em relação ao preço da ação. Exemplo: imagine o preço atual de uma determinada ação como em R$10,00 e que ela paga dividendos de 25 centavos, então, seu *dividend yield* será de 2,5% (R$ 0,25 / R$ 10,00).

6.3.2 Análise Técnica

A **análise técnica** *se baseia no pressuposto de que existem padrões no preço dos ativos, ou seja, que os preços desses ativos se comportam de modo repetitivo ao longo do tempo* *e, analisando o comportamento passado, pode-se prever o comportamento futuro.* Outro *pressuposto desta análise é de que "o preço desconta tudo" (teoria de Dow)*, ou seja, que *o preço de um ativo reflete a reação do mercado às informações relevantes.*

Deste modo, a análise técnica tem grande parte de sua base na análise gráfica, uma vez que, um dos seus principais fundamentos é a plotagem dos preços de um ativo ao longo do tempo em um gráfico para que se possa identificar padrões passados e prever padrões futuros. Dentre as **ferramentas de análise técnica** temos: *análise direta do gráfico* e *análise de indicadores.*

Exemplos de indicadores podem ser os **indicadores de tendência**, que tentam identificar o início ou fim de uma tendência positiva ou negativa no preço de ações, tais como a *média móvel simples, a convergência divergência de média móvel (MACD) dentre outros.* Os *Indicadores de momento* tentam sentir se uma tendência está perdendo ou ganhando força como, por exemplo, o *índice de força relativa.* Atualmente existem diversos outros indicadores.

Derivativos

Como vimos anteriormente, o mercado financeiro tem algumas funções importantes para a economia e uma delas é a proteção contra riscos oriundos de negócios físicos ou financeiros. Os derivativos ajudam não só nesta função de proteção como também podem alavancar os investimentos. O objetivo deste capítulo é entender o que são derivativos, alguns de seus tipos e mecanismos de funcionamento.

7.1 O conceito Derivativos

Os **derivativos** *são ativos financeiros cujo preço deriva de outros ativos (reais ou financeiros)*. Um exemplo são as opções de compra e venda de ações, que têm os preços derivados de um ativo financeiro (ações da empresa). Deste modo, os derivativos podem ter basicamente duas funções:

A primeira é a **função de hedge**, ou proteção, na qual possuidor de um ativo financeiro compra um derivativo deste ativo assegurando uma posição contrária à original, para reduzir seu risco. Um exemplo seria o produtor de café que tem expectativa de vender sua safra por um determinado preço por saca. Porém, como o preço é incerto e depende de outros fatores (clima, oferta e demanda, preço dos insumos etc.), o produtor pode garantir um preço futuro para o seu café, comprando um contrato futuro (e pagando o valor por este contrato) que lhe garanta um preço mínimo aceitável para sua produção.

A segunda **função é a de especulação**. Essa função da liquidez ao mercado e possibilita a função principal de proteção, dado que os especuladores tentam alavancar seus investimentos (isso porque, uma pequena alteração no preço do ativo original pode causar uma grande alteração no preço do ativo derivado).

7.2 No Brasil

Os derivativos, no Brasil, em sua maioria, são negociados na B3. Os ativos operados na B3 são basicamente: contrato futuro e opções (que devido a sua maior popularidade estudaremos com mais detalhes neste capítulo), contratos a termo (compra ou venda, em mercado, de uma determinada quantidade de ações, a um preço fixado, para a liquidação em prazo determinado, a contar da data de sua realização em pregão, resultando em um contrato entre as partes de, no mínimo 16 dias e no máximo 999 dias corridos, cujo preço à termo de uma ação resulta da adição, ao valor cotado no mercado à vista, de uma parcela correspondente aos juros, que são fixados livremente em mercado, em função do prazo do contrato), mercado *spot* (compra e venda de produtos físicos) e *swaps* (contratos de troca de um tipo de dívida por outra, como trocar um contrato baseado em uma taxa de câmbio por outra, ou contrato de troca de rentabilidade, onde trocamos a rentabilidade de um título pela rentabilidade de outro título).

Dentre os contratos negociados na B3 estão basicamente os

contratos de ouro, índices, taxa de juros, taxa de câmbio, swap de juros e taxa de câmbio, títulos de dívida externa e swaps de troca de rentabilidade. Na modalidade de commodities agropecuárias temos alguns produtos de base, tais como o boi gordo, o bezerro, o algodão, a soja em grão, o açúcar cristal especial, o milho em grão, o café arábica e conillon, o álcool anidro e o etanol.

7.3 Opções

O termo **opções** *significa o direito de compra ou o direito de venda de um determinado ativo por um determinado preço até uma determinada data ou exatamente na data.* As explicações feitas neste capítulo serão sobre opções de ações (existem opções sobre outros instrumentos financeiros, porém, em relação ao entendimento básico, as demais são análogas às opções por ações).

No mercado de opções temos basicamente **quatro agentes principais**: o *lançador da opção de compra*, o *lançador da opção de venda*, o *comprador da opção de compra* e o *comprador da opção de venda*. Esses agentes negociam dois tipos de opções: a opção do tipo americana, que pode ser exercida a qualquer momento até a data de vencimento e a opção do tipo europeu, que só pode ser exercida na data de vencimento. Existem alguns termos no mercado de opções que precisamos conhecer:

Preço de exercício (Strike): é o preço na data de vencimento, ou seja, é o preço pelo qual o comprador de uma opção terá o direito de comprar (se for uma opção de compra) ou de vender (se for uma opção de venda) um determinado lote de ações.

Prêmio: é o valor da opção (seja ela de compra ou de venda).

41

Put: opção de venda.

Call: opção de compra

7.3.1 Mecanismos

Imagine que você possui ações da empresa W e verifique que o preço da ação está em R$45,00 no dia de hoje. Você fez suas análises e acha que o preço daqui a duas semanas irá cair para R$43,00. Assim, comprando uma opção de venda com o preço de exercício (*strike*) de R$45,00 você resguarda o direito de vender essas ações no dia do vencimento pelo preço de R$45,00 independente do preço que o mercado estiver pagando naquela época. Porém, como é uma *"opção", você tem o direito de vender, não obrigação.* Isso resulta que, se no dia de vencimento da opção, o valor da ação da empresa W estiver em R$46,00, não compensa para você exercer o direito de vendê-la por R$45,00, uma vez que o mercado está pagando R$1,00 a mais por ação.

Porém, *a compra deste direito de vender suas ações a este preço determinado tem um custo que é chamado de Prêmio.* O valor do prêmio por uma opção é formado por um conjunto de fatores que não serão abordados aqui. Suponhamos que, para o caso apresentado, o prêmio seja de R$1,50 por uma opção de venda de uma ação da empresa W com o preço de exercício de R$45,00. Isso significa que você gastou R$1,50 para ter a garantia de poder vender suas ações a um preço de R$45,00 em uma data futura, esperando que as ações caíssem e a diferença compensasse esse gasto.

Mas, como você comprou esta opção, alguém teve que fazer seu lançamento: então, lançador da opção de venda, tem expectativa diferente da sua. Ele espera que o preço da ação suba em relação ao preço de exercício (R$45,00) para que você não exerça o direito de venda. Assim, o lançador ganha o prêmio da opção (R$1,50).

O exemplo foi por meio da opção de venda, porém, na opção de compra o raciocínio é ao contrário: se você lança uma opção de compra você espera que o preço futuro seja menor que o preço de exercício, para que o comprador não exerça opção e você fique com prêmio. Porém, se você é o comprador de uma opção de compra, você espera que o preço futuro suba em relação ao preço de exercício para uma diferença que compense o prêmio pago e ainda haja um ganho.

7.4 Mercado Futuro

O objetivo do **mercado futuro** *é a negociação de contratos que tem como base um ativo real (o boi, por exemplo) ou um ativo financeiro (o dólar, por exemplo).* Assim, tem-se o compromisso de comprar ou vender um determinado ativo em uma data futura específica, com preço previamente estabelecido, pagável no vencimento do contrato. Diferente do mercado a termo, os contratos são *padronizados* resultando em uma menor flexibilização. Este contrato pode ser usado: pelo a gente que vai fazer o *hedge*, para proteção contra variações no valor do ativo objeto, pelo *arbitrador* na busca de oportunidades de precificação ineficientes e pelo *especulador* que tenta alavancar seus ganhos financeiros.

Os preços buscam uma convergência entre o mercado à vista e o mercado futuro. Logo, a diferença entre o mercado futuro e o preço à vista é chamada de "base" e, na data do vencimento do contrato, essa base deve ser de zero. Deste modo, ocorrem ajustes diários de preços e as câmaras de compensação exigem depósitos de **margem de garantia** dos contratantes para manter a diferença entre o preço à vista e o preço futuro dentro de uma faixa segura para que não haja inadimplência.

O Pressuposto de Mercado Eficiente.

Uma das peculiaridades do mercado financeiro é que não só a expectativa de retorno dos ativos reais influencia no preço dos ativos financeiros quanto a expectativa de retorno dos ativos financeiros também influenciam nos investimentos e retornos dos ativos reais.

Quando uma informação é divulgada, devido ao grande número de analistas e investidores atentos a ela, estas devem ser rapidamente "digeridas" e incorporadas nos preços atuais dos ativos. Logo, toda a informação disponível já estaria sendo utilizada no preço do ativo.

Essa explicação corrobora com o **pressuposto de mercado eficiente**, *ou seja, os agentes buscam ativamente por informações que possam lhes fornecer oportunidades de ganhos anormal (que não seja apenas o prêmio pelo risco do ativo), e nesta busca, toda informação disponível se converte em uma nova precificação do ativo anulando qualquer possível vantagem oriunda dela no futuro.*

Imagine que você fez uma análise de tendência e perceber os sinais de que o preço da ação irá subir 3% em 10 dias. Muito provavelmente, vários outros analistas com os mesmos dados e técnicas disponíveis, também já fizeram essa previsão. Então, você tenta comprar a ação e estes analistas também, além dos que já possuem ação (que também já fizeram essa previsão) que as seguram "em mãos" e, pelo efeito da oferta e demanda o preço de hoje irá se ajustar as expectativas futuras.

> **Atenção!** *Mas, se o mercado é eficiente, como é possível obter ganhos? Para responder essa pergunta precisamos de cautela. Primeiro porque o podemos obter ganho sim, mas, em um mercado eficiente seriam ganhos normais, ou seja, os ganhos obtidos do prêmio pelo risco conforme visto no capítulo sobre risco. Outro ponto que temos que levar em consideração é que a hipótese de mercado eficiente é controversa e existem estudos que provam que em certos tipos de mercado e ou para certos tipos de ativo, o mercado pode não ser tão eficiente em precificá-los adequadamente, resultando em pechinchas. Último ponto é que podem existir diferentes níveis de eficiência de mercado. Vamos conhecê-los:*

O primeiro nível que chamamos de **hipótese de mercado eficiente de forma fraca** [2]. Nessa forma, o pressuposto é que algumas informações, principalmente séries históricas de preço, estão facilmente disponíveis ao público, resultando no fato de que o uso destas, principalmente por meio de análise técnica, não traria nenhum ganho anormal, visto que todos reagem a uma informação nova atualizando o preço atual com essas novas informações.

O segundo nível é a **forma semiforte**. Nesta forma, além dos preços históricos, outras variáveis estão publicamente disponíveis, como a linha de produtos, a qualidade de administração, a composição do Balanço, as patentes, as previsões de lucro etc. Assim, nem a análise técnica e nem a análise fundamentalista possibilitariam ganhos anormais.

A terceira forma ou a **forma forte** reflete informações que são privativas da administração interna das empresas. Esse pressuposto de mercado eficiente é mais difícil de existir na realidade, uma vez que é difícil para todos os analistas e investidores saberem de política de administração e intenções dos gestores da empresa. Além disso, existem mecanismos que tentam impedir e punir o uso de informação privilegiada.

O pressuposto de mercado eficiente pode assustar os investidores iniciantes que podem ser levados a pensar: para que administrar uma carteira ativamente se ao final dos esforços serão em vão, ou seja, serão iguais aos que eu teria se tivesse montado uma carteira e esperado passivamente um retorno de mercado normal (administração passiva)?

Bom, primeiro porque isso pode não ser verdade. Uma administração ativa de carteira pode adequar o investimento ao perfil de risco do investidor, a sua faixa etária e as formas mais eficientes de lidar com a tributação. Outro ponto é que existem mercados emergentes que são menos eficientes, empresas que são menos visadas e objetos de menos análise e distorções de *timing* e estruturas de negociação que podem reduzir a eficiência e proporcionar ganhos anormais.

A Formação de Carteiras

Um ponto interessante em investimentos é como fazer boa locação de capital entre classes de ativos de maior e menor risco e, dentro destes, fazer uma seleção de ativos específicos com o objetivo de aumentar o retorno e reduzir o risco. Em outras palavras, como ter uma carteira de investimento mais eficiente de acordo com seus objetivos de investimento?

Vamos utilizar a boa e velha metáfora dos ovos na cesta: se você coloca todos os ovos dentro da mesma sexta e ela cai, provavelmente todos os ovos irão quebrar. Isso também acontece com investimentos. Se você coloca todo seu dinheiro em um ativo que por algum motivo perde valor, você perderá seu dinheiro.

Então, a solução seria **diversificar seus investimentos**, por meio de vários ativos, para que o risco de cada um deles (risco não-sistemático, específico ou diversificável) seja atenuado pelo conjunto de ativos, permanecendo apenas o risco de mercado, ou seja, o risco não diversificável ou sistemático comum a todos os artigos.

As principais opções de diversificação são: em um primeiro momento, sobre a alocação de capital entre as classes de ativos do tipo ações, títulos de dívida e títulos livre de risco etc. Dentro de cada uma dessas classes de títulos selecionaremos ativos específicos. Entretanto, as opções não param por aí, existem inúmeros outros instrumentos no mercado financeiro para alavancar sua diversificação, como os derivativos por exemplo, além da diversificação geográfica (investir, por exemplo, em países diferentes).

Então, o retorno esperado de uma carteira pode ser medido pela média ponderada do retorno de cada ativo específico da carteira e o seu peso (ou proporção relativa de distribuição) na carteira. Entretanto, os desvios desses retornos (o risco), têm uma inter-relação mais profunda matematicamente que pode ser trabalhada facilmente na prática aplicando-se a seguinte regra diversificação:

> *Quanto menor a correlação entre ativos de uma carteira (melhor ainda se a correlação for negativa), menor é o risco. Porém, lembrando da relação entre risco e retorno: o retorno pode ser menor.*

É fácil entender essa regra: se os ativos estão altamente correlacionados de modo positivo, quando o preço de um deles cai, o do outro provavelmente cairá também e vice-versa. Quanto mais baixa correlação (mesmo que positiva) esta relação fica atenuada e, se a correlação for negativa, quando o preço de um ativo cai, o preço do outro ativo provavelmente irá subir, diminuindo o risco da carteira como um todo. Cabe lembrar que a diminuição do risco também acarreta diminuição da probabilidade de retorno.

Análise Setorial

Para que se possa avaliar um ativo, seja ele real o financeiro, precisamos ter informações sobre o contexto no qual ele está inserido. Neste capítulo, faremos uma revisão sobre algumas variáveis econômicas e setoriais que podem afetar o valor de um determinado ativo.

10.1 Choques de Demanda e Oferta

Algumas variáveis macroeconômicas conhecidas de todos nós podem afetar a economia doméstica como um todo, porém, pode ser que exista algum setor no qual essas alterações macroeconômicas ajudem ou prejudiquem mais do que em outros setores. As principais variáveis macroeconômicas são: produto interno bruto, nível de emprego, inflação, taxa básica de juros, superávit e déficit orçamentário, confiança do consumidor na economia [2] etc. Essas e outras variáveis macroeconômicas podem afetar setores específicos de maneiras diferentes, gerando um choque de demanda em choque de oferta que podem vir a afetar o retorno da empresa e o valor e preço do ativo.

O choque de demanda são eventos que afetam a demanda

de mercadorias e serviços na economia. Alguns exemplos: redução na alíquota do imposto de renda, aumento da oferta de dinheiro, aumento dos gastos públicos, aumento de exportação dentre outros. Os choques de oferta são eventos que afetam a capacidade e o custo de produção de uma empresa ou de um conjunto de empresas, podendo ser: variação do preço do petróleo, eventos que destruíram parte da produção agrícola, modificação no nível de educação da força de trabalho e na economia e mudança na taxa de remuneração pelo qual a força de trabalho se dispõe a trabalhar [2].

Alguns indicadores econômicos podem dar indícios de uma mudança na situação da economia do setor e, consequentemente, da organização. Um exemplo pode ser o número de pedidos de seguro-desemprego, que podem indicar uma desaceleração das atividades econômicas, sinalizando um período de retração.

Percebe-se que, além de ser importante compreender quais são as variáveis macroeconômicas e como afeta a economia como um todo (já vimos este assunto com mais detalhes no capítulo de política econômica), também precisamos entender os efeitos delas no setores ou indústrias específicas e trabalhar indicadores que possam sinalizar eventos próximos.

10.2 Definição do setor

Definir os limites de um setor pode não ser tarefa fácil. Mas, algumas organizações têm metodologias e critérios de classificação que nos ajudam nessa tarefa. Uma das mais conhecidas é a metodologia NAICS (North American Industry Classification System).

10.3 Ciclo Econômico e Rodízio Setorial

Os ciclos econômicos normalmente seguem um padrão cíclico de expansão, pico, retração e depressão, começando novamente o ciclo. Este padrão de comportamento influencia não só economia como um todo, como também pode afetar cada setor de modo diferente.

Assim, setores que chamamos de cíclicos são aqueles que apresentam uma sensibilidade maior ao estado geral da economia e, os setores que chamamos não cíclicos, são aqueles que apresentam menor sensibilidade ao estado geral da economia [2]. Deste modo, alguns setores específicos têm um rodízio na variação do desempenho de acordo com a elasticidade ou sensibilidade dos lucros às condições e variáveis econômicas e cíclicas.

Talvez agora fique mais fácil perceber que, não só as particularidades de cada empresa ou negócio (risco não-sistemático) podem afetar o retorno e o valor das empresas e seus ativos, como também as condições econômicas (risco sistemático) podem afetar diferentemente cada setor.

10.4 Ciclo de vida do setor e forças competitivas.

Em relação à maturidade de cada setor, temos o ciclo de vida setorial que segue o padrão: inicial (crescimento rápido e contínuo), consolidação (crescimento estável), maturidade (crescimento lento) e declínio relativo (crescimento mínimo negativo). Cada fase desse ciclo setorial reflete impactos no desempenho de modo diferente para setores diferentes.

Outro aspecto que influencia no retorno que um setor pode

proporcionar são as cinco forças competitivas [8] que atuam em uma indústria (ou setor) e que podem corroer ou aumentar a margem de retorno do setor como um todo, tornando um setor mais atrativo que outro.

Dentre as forças estão: o poder de barganha dos fornecedores, o poder de barganha dos compradores, a ameaça de novos entrantes (a facilidade ou dificuldade com que concorrentes podem entrar naquele setor pelas barreiras de entrada baixas ou altas), ameaça de produtos substitutos e intensidade da rivalidade entre os concorrentes existentes.

Essas cinco forças, se altas, podem corroer completamente a margem de retorno do setor e torná-lo um setor não atrativo para investimentos. Se essas forças foram baixas, temos um setor com possibilidade maior de ganhos e o investimento mais atrativo.

Recapitulando: as variáveis macroeconômicas podem afetar a atratividade de um setor de modo particular, assim como ciclos econômicos e a sensibilidade do setor, os ciclos de negócio e as forças competitivas dentro de um setor específico. Antes de fazer investimentos, este tipo de análise deve ser levado em consideração.

Finanças comportamentais

Estudar a psicologia dos agentes individuais no mercado financeiro e os comportamentos destes quando em grupos é útil para explicar alguns padrões dentro do mercado financeiro. A área de finanças comportamentais tenta agregar estudos da área de psicologia, sociologia e finanças [9], para explicar alguns efeitos observados no mercado financeiro, bem como, tentar encontrar formas de evitá-los, estimulá-los ou controlá-los. Neste tópico, faremos uma revisão sobre alguns estudos em finanças comportamentais, tentando identificar padrões de tomadas de decisões, vieses e comportamentos que influenciam o mercado financeiro.

11.1 Principais teorias

Grande parte das teorias em mercado financeiro considera os agentes como otimizadores de decisão, ou seja, a escolha de diferentes alternativas ocorreria de modo a maximizar a utilidade do valor da ação [10]. Porém, alguns autores [11,12] discordam dessa capacidade de utilizar a função utilidade devido a racionalidade limitada [12]. Seguindo o raciocínio do segundo grupo, abordaremos duas das principais teorias que criticam a visão" perfeita" do processo de decisão.

Teoria da Aversão à Ambiguidade

Os indivíduos têm a tendência de avaliar erroneamente eventos que tem probabilidade incerta, manipulando a percepção de certeza e criando uma pseudocerteza na qual atribui maior valor para evitar desconforto psicológico [11]. Um dos vieses originados dessa aversão à ambiguidade pode ser o excesso de confiança, ou seja, as pessoas confiam demasiadamente na sua capacidade de estimar a incerteza se baseando em âncoras iniciais.

Um estudo revelou que mais de 90% das pessoas fantasiam suas habilidades para além do que podiam realmente fazer [13]. Com isso, a falsa certeza pode levar a inconsistências graves de julgamento. Essa aversão a ambiguidade pode causar sérios erros na hora de investir ou persistir em um investimento.

Racionalidade Limitada

O processo decisório pode ser traduzido como um processo que busca níveis de aspiração, ou seja, objetivos a serem alcançados para que uma decisão possa ser considerada satisfatória, sendo esse nível de aspiração adaptada a cada situação. Não existe uma decisão ótima [12].

Deste modo, há limites para a função utilidade ou mais de uma função utilidade, além dos custos de procura e processamento de informações e devido a sua racionalidade limitada (inabilidade de processar e computar todas as alternativas necessárias para uma decisão ótima) os agentes econômicos usam regras de simplificação da decisão chamada de heurísticas [12]. Veremos agora que algumas heurísticas e vieses de julgamento pode comprometer a decisão dos agentes no mercado financeiro.

11.2 Alguns vieses do julgamento humano

Evidência de Suporte

Em geral, as pessoas já têm o modelo mental e opinião formada sobre alguma coisa. Isso faz com que elas relutem em procurar evidências para testar ou contrariar suas crenças e, quando são forçadas a encarar essas evidências, as consideram com ceticismo. Daí resulta que as pessoas procurem evidências que confirmem o que elas já estão pensando [14]. Assim, pelo viés da evidência de suporte, os julgamentos são bastante prejudicados, pois não é possível saber se algo é verdadeiro sem checar a sua não confirmação.

Recenticidade

As informações mais recentes têm um peso maior na tomada de decisão do que as informações mais antigas [15]. Como nem sempre essas informações são as que mais representam a realidade de um determinado estado de coisas, o julgamento baseado neste viés pode trazer sérios problemas para decisão.

Correlação Ilusória

A correlação ilusória ocorre quando existe a crença de que os padrões são evidentes ou que duas variáveis estão correlacionadas quando na realidade não estão [21]. Imagine que na empresa na qual você trabalha duas pessoas adotaram o mesmo corte de cabelo, uma em cada dia subsequente à outra e que, por coincidência, durante estes dias você teve que fazer hora extra. Uma coisa está relacionada com a outra? Se amanhã você observar novamente um corte de cabelo parecido ficará com medo de ter que ficar até mais tarde no trabalho? Isso provavelmente é uma correlação ilusória causada pela tendência do nosso cérebro em buscar padrões e explicações para eventos isolados.

Percepção Seletiva

As pessoas têm a tendência de perceber as coisas e fatos de acordo com suas experiências anteriores [15]. Imagine a situação na qual você deseja comprar um carro ou uma peça de roupa específica e quando você sai na rua fica parecendo que aumentou o número de pessoas que tem o modelo de carro ou roupa igual ao que você queria comprar. Isso realmente aconteceu? Provavelmente não! É você que está com a percepção seletiva de acordo com sua experiência ou intenção de comprar o carro ou a peça de roupa.

Ancoragem

Na ancoragem as pessoas constroem suas estimativas a partir de um valor inicial, ou âncora, baseado em qualquer informação que lhes é fornecida, ajustando-o para obter uma resposta final [11]. Grande parte desses ajustamentos feitos a partir da âncora são insuficientes e se desviam da racionalidade [16].

Disponibilidade

A heurística da disponibilidade está relacionada com o fato de que eventos que são mais frequentes e/ou mais prováveis são lembrados mais facilmente que os eventos menos frequentes e/ou menos prováveis [11], podendo levar a erros sistemáticos no processo de tomada de decisão [14].

Imagine que você está assistindo TV e passe por 4 canais diferentes. Em três destes canais você vê uma mesma banda se apresentando (um ao vivo e os outros gravados) e em apenas um você vê uma banda diferente. Além disso, você não conhece nenhuma das duas bandas. Neste caso, você pode concluir erroneamente que a banda que apareceu três vezes é a melhor.

São inúmeras as heurísticas, falhas e limitações da cognição humana que podem, dentro do contexto do mercado financeiro, levar às decisões completamente desviadas dos objetivos racionais.

REFERÊNCIAS

1 FORTUNA, E. Mercado Financeiro: produtos e serviços. 13ª ed. Rio de Janeiro: Qualitymark, 2005.

2 BODIE, Z.; K., A.; MARCUS, A. J. Investimentos. 8ª ed. Porto Alegre: AMGH, 2010.

3 SHARP, W. F. Capital Asset Prices: A Theory of Market Equilibrium under Conditions of Risk. Journal of Finance, p. 425-442, 1964.

4 STN. Tesouro Nacional. Dívida Pública, Operações no Mercado Nacional, 2012. Disponível em <http://www.teso uro.fazenda.gov.br/divida_publica/o... >. Acesso em: 19 fev. 2012.

5 STN. Tesouro Nacional. Dívida Pública – Características dos Títulos, 2012. Disponível em <http://www.tesouro.fazen da.gov.br/divida_publica/c... > Acesso em: 19 fev. 2012.

6 BACEN. Banco Central do Brasil. Descrição da taxa SELIC, 2012. Disponível em <http://www.bcb.gov.br/?SELICDESC RICAO > Acesso em: 19 fev. 2012.

7 CAVALCANTE, F.; MISUMI, J.; RUDGE, L. F. Mercado de Capitais: o que é, como funciona. 7ª ed. Rio de Janeiro: Campus, 2009.

8 PORTER, M. Estratégia Competitiva: técnicas para a análise de indústrias e da concorrência. Rio de Janeiro: Campus, 1986.

9 VICTOR, R. & SIMON, H. K. What Is Behavioral Finance?. Business, Education & Technology Journal. v.2, p. 1-9, 2000.

10 NEUMANN, V.; MORGENSTERN. Theory of games and economic behavior. Princeton: University Press, 1944.

11 TVERSKY, A.; KAHNEMAN, D. Judgement under Uncertainty: heuristics and biases. Science. v. 185, p. 1124-1131, 1974.

12 SIMON, H. A behavioral modelo of rational choice. Quartely Journal of Economics. v. 59, p. 99–118, 1957.

13 WEINSTEIN, N. Unrealistic Optimism about Future Life Events. Journal of Personality and Social Psychology. v. 39, p. 806–820, 1980.

14 BAZERMAN, M. H. Judgment in Managerial Decision Making. 5ª ed. New York: Wiley, 2020.

15 MAKRIDAKIS, S. Forecasting, Planning, and Strategy for the 21st Century. New York: Free Press, 1990.

16 SLOVIC, P.; LICHTENSTEIN, S. Comparison of Bayesian and Regression Approaches in the Study of Information Processing in Judgment. Organizational Behavior and Human Performance. v. 6, p. 649–744, 1971.

www.ingramcontent.com/pod-product-compliance
Lightning Source LLC
Chambersburg PA
CBHW072025230526
45466CB00019B/752